Phänomen der Unternehmenskultur. Effekte auf das organisatorische Handeln und die Unternehmensleistung

Amelie Stöhr

Bibliografische Information der Deutschen Nationalbibliothek:

Die Deutsche Nationalbibliothek verzeichnet diese Publikation in der Deutschen Nationalbibliografie; detaillierte bibliografische Daten sind im Internet über http://dnb.d-nb.de abrufbar.

ISBN: 9783346401953
Dieses Buch ist auch als E-Book erhältlich.

Druck und Bindung: Books on Demand GmbH, Norderstedt Germany
Gedruckt auf säurefreiem Papier aus verantwortungsvollen Quellen

Das Buch bei GRIN: https://www.grin.com/document/1010866

II

Inhaltsverzeichnis

Inhaltsverzeichnis...II

1. Einleitung 1

2. Das Phänomen der Unternehmenskultur 2

3. Positive und negative Effekte von prägenden Unternehmenskulturen................ 5

    3.1. Positive Effekte... 5

    3.2. Negative Effekte 6

4. Faktor Unternehmenskultur bei einer Fusion... 8

5. Schlussbetrachtung... 10

Literaturverzeichnis... 11

Quellenverzeichnis 12

1. Einleitung

Vor allem die Megatrends Globalisierung und Digitalisierung beeinflussen Unternehmen weltweit in ihrem Handeln. Es ist ein ständiger Wettlauf gegen die Zeit, bei dem sich jegliche Unternehmensbereiche versuchen auf die neuen Herausforderungen und Veränderungen anzupassen. Daher beeinflussen die aktuellen Megatrends auch die Unternehmenskulturen.[1] Aber auch der Wertewandel in der Gesellschaft und der Wunsch nach Sinnhaftigkeit in der Tätigkeit, steigern die Relevanz des Themas Unternehmenskultur.[2]

Seit den 80er Jahren sind Unternehmenskulturen immer weiter in den Fokus der Unternehmensleitung gerückt.[3] In der Vergangenheit wurde Unternehmenskultur für ein gegebenes Phänomen gehalten, welches sich eigenständig entwickelt und nicht weiter beachtet und bearbeitet werden muss. Doch hat sich diese Ansicht durch zahlreiche Studien in den letzten Jahren stark verändert. Die Unternehmenskultur ist mittlerweile ein wichtiger Faktor für eine langfristige und erfolgreiche Unternehmensentwicklung. Jedoch hat eine Unternehmenskultur noch zahlreiche weitere Facetten und Dimensionen, die in dem hier vorliegenden Scientific Essay untersucht werden.

Nach einer kurzen Einleitung gliedert sich die Arbeit in 3 zentrale Kernfragen. Zu Beginn wird das Phänomen der Unternehmenskultur vorgestellt und die einzelnen Aspekte der Ausgestaltung genauer betrachtet. Im Anschluss werden die positiven und negativen Effekte einer prägenden Unternehmenskultur erörtert und verglichen. Das letzte Kapitel des Hauptteils beschäftigt sich mit der besonderen Rolle der Unternehmenskultur im Rahmen einer Fusion. Abschließend werden die wichtigsten Erkenntnisse nochmals zusammengefasst und einen kurzen Ausblick in die Zukunft gegeben.

---

[1] Vgl. *Buchenau, P./Hempel, A.,* Ethische Unternehmenskultur, 2019, S. 192ff.
[2] Vgl. *Abbate, S.,* Unternehmenskultur fördern, 2014, S. 12
[3] Vgl. *Bauschke, R./Homma, N.,* Unternehmenskultur und Führung, 2010, S. 1

2. Das Phänomen der Unternehmenskultur

„Unter Kultur versteht man sämtliche kollektiv geteilten, implizierten oder expliziten Verhaltensnormen, Verhaltensmuster, Verhaltensäußerungen und Verhaltensresultate, die von Mitgliedern einer sozialen Gruppe erlernt und mittels Symbolik von Generation zu Generation weitervererbt werden. Diese – nach innerer Konsistenz strebenden – kollektiven Verhaltensmuster und Normen dienen dem inneren und äußeren Zusammenhalt und der Funktionsfähigkeit einer sozialen Gruppe und stellen eine spezifische, generationserprobte Lösung des Problems der Anpassung an ihre physischen, ökonomischen und sonstigen Umweltbedingungen dar"[4]

Der Begriff Kultur ist ein häufig genutzter Ausdruck, der jedoch nur schwer eindeutig definiert werden kann. Auch Von Keller bezieht viele verschiedene Aspekte in seine Definition ein und beschreibt somit viele verschiedenen Facetten des Kulturbegriffs. Hiervon lassen sich viele Parallelen zum Begriff der Unternehmenskultur ziehen. Denn es wird deutlich, dass das Zitat von Von Keller auch als Definition von Unternehmenskultur genutzt werden kann, da die im Zitat erwähnte soziale Gruppe auch eine Gemeinschaft mit einem unternehmerischen Zweck sein kann.[5]

Wie bereits im vorherigen Kapitel erwähnt, wurde jedoch die Kultur eines Unternehmens lange Zeit als eine Selbstverständlichkeit gesehen, die keine weitere Aufmerksamkeit benötigt. Oftmals waren sich die Mitarbeiter der vorhandenen Kultur überhaupt nicht bewusst und Unternehmen haben diese auch nicht aktiv untersucht. Erst seit den 80er Jahren rückte das Phänomen der Unternehmenskultur immer weiter in den Fokus der Unternehmen und auch der Literatur.[6] Nach Peters und Watermann gehörte die Unternehmenskultur zu einen der wichtigsten Faktoren des Unternehmenserfolgs und wird teilweise als DNA einer Firma bezeichnet.[7]

---

[4] *Von Keller, E.,* Fremde Kulturen, 1982, S.118f.
[5] Vgl. *Franken, S.,* Verhaltensorientierte Führung, 2004, S. 195
[6] Vgl. *Bauschke, R./Homma, N.,* Unternehmenskultur und Führung, 2010, S. 1
[7] Vgl. *Bauschke, R./Homma, N.,* Unternehmenskultur und Führung, 2010, S. 1

Die zahlreichen Bestandteile einer Unternehmenskultur werden in vielen verschiedenen Modellen dargestellt. Das Kulturebenen Modell von Schein gehört zu den bekanntesten Modellen und soll beispielhaft hier beschrieben werden.

Eine Unternehmenskultur besteht aus 3 Ebenen. Die erste Ebene enthält Artefakte. Hiermit sind für jeden sichtbare Verhaltensmuster gemeint. Es können aber auch symbolische Elemente wie das Firmenlogo oder eine Arbeitsuniform sein, die zu einem Corporate Design gehören. Dieser Teil der Unternehmenskultur ist auch für externe Personen sichtbar und werden bewusst ausgeführt.[8] Die mittlere Ebene besteht aus den Werten und Normen eines Unternehmens, welche sich in den Artefakten widerspiegeln.[9] Diese sind teilweise bewusst.[10] Oftmals werden diese Werte im Rahmen von Leitlinien oder einer Unternehmensphilosophie dokumentiert.[11] Die tiefste Ebene und somit die Wurzeln der Unternehmenskultur besteht aus den Grundannahmen. Das sind tief verankerte Gewohnheiten, die nur schwer zu verändern sind, da sie die Mitglieder der Organisation unbewusst steuern und für Außenstehende nicht sichtbar sind. Die verschiedenen Ebenen haben eine Wechselwirkung aufeinander und beeinflussen sich gegenseitig.[12] Neben der klassischen Darstellung wird das Ebenenmodell auch oft in Form eines Eisbergmodells dargestellt. Wie bei einem Eisberg, bei dem der größte Teil unsichtbar unterhalb der Wasserlinie liegt, liegt auch hier der größte Anteil vor allem für Außenstehende versteckt. Nur die Artefakte bilden die sichtbare Eisbergspitze oberhalb der Wasserlinie.[13]

Zusammenfassend ist Unternehmenskultur „die Gesamtheit der verhaltensbeeinflussenden Werte, Normen und Symbole in einem Unternehmen, die in der Interaktion gemeinsam geschaffen, geteilt und weiterentwickelt werden und die Basis für die Unternehmensidentität bilden."[14] Diese wirkt in zwei Dimensionen nach innen und nach außen. Intern beeinflusst die Unternehmenskultur die organisatorischen Prozesse und bietet zum Beispiel einen Rahmen für zukünftige Entscheidungen oder den Umgang mit Inno-

---

[8] Vgl. *Schönborn, G.*, Erfolgsfaktor der Coporate Identity, 2014, S. 52
[9] Vgl. *Abbate, S.*, Unternehmenskultur fördern, 2014, S. 4
[10] Vgl. *Schönborn, G.*, Erfolgsfaktor der Coporate Identity, 2014, S. 53
[11] Vgl. *Franken, S.*, Verhaltensorientierte Führung, 2004, S. 197
[12] Vgl. *Schönborn, G.*, Erfolgsfaktor der Coporate Identity, 2014, S. 53
[13] Vgl. *Franken, S.*, Verhaltensorientierte Führung, 2004, S. 200
[14] Vgl. *Franken, S.*, Verhaltensorientierte Führung, 2004, S. 195

vationen oder Konflikten.[15] Oftmals wird auch in Verbindung mit dem Zitat von Drucker „Culture eats strategy for breakfest", darauf hingewiesen, dass die Unternehmenskultur als eine Anleitung zur Umsetzung der Unternehmensstrategie dient.[16] Somit kann die Unternehmenskultur auch als Instrument der Mitarbeitersteuerung gezählt werden, da sie zur Vereinheitlichung des organisatorischen Handelns dient.[17] Nach außen wirkt die Unternehmenskultur auf Kunden und Lieferanten, jedoch auch auf potenzielle Bewerber.[18]

Abschließend ist noch zu erwähnen, dass eine Unternehmenskultur ein dynamisches, lebendes Konzept ist.[19] In Familienunternehmen ist die Unternehmenskultur oft stark durch die Gründer und die Historie geprägt. Durch äußere Einflüsse muss die Unternehmenskultur stetig weiterentwickelt werden. Oftmals wird dies durch Stabsstellen und verschiedenen Managementebenen durchgeführt.[20] Die neue Unternehmenskultur muss authentisch sein, um auch von den Mitarbeitern und der Öffentlichkeit akzeptiert zu werden. Dies geschieht vor allem durch das Vorleben durch die einzelnen Führungsebenen. Zudem müssen neue Mitarbeiter auch in die Kultur eingeführt werden.[21]

---

[15] Vgl. *Schönborn, G.*, Erfolgsfaktor der Coporate Identity, 2014, S. 85
[16] Vgl. *Sammhammer AG*, Culture, 2016
[17] Vgl. *Franken, S.,* Verhaltensorientierte Führung, 2004, S. 195
[18] Vgl. *Stöger, R.,* Diagnose und Gestaltung, 2019, S. 338
[19] Vgl. *Franken, S.,* Verhaltensorientierte Führung, 2004, S. 195
[20] Vgl. *Kleinau, P.*, Unternehmenskultur im digitalen Wandel, 2019, S. 22ff.
[21] Vgl. *Abbate, S.,* Unternehmenskultur fördern, 2014, S. 17ff.

3. Positive und negative Effekte von prägenden Unternehmenskulturen

Einleitend ist zu sagen, dass es keine guten oder schlechten Kulturen gibt. Eine Kultur kann nur positive und negative Effekte auslösen. Darüber hinaus kann noch zwischen starken und schwachen Kulturen differenziert werden, die sich in den Merkmalen Prägnanz, Verbreitung und Verankerungstiefe unterscheiden.[22]

3.1. Positive Effekte

Voraussetzung für positive Effekte ist eine transparente und akzeptierte Unternehmenskultur.[23] Laut einer Studie von Kotter und Heshett 1992 hat die aktive Gestaltung der Unternehmenskultur einen positiven Einfluss auf den Unternehmenserfolg, welcher jedoch schwer zu definieren ist.[24]

Wie bereits erwähnt kann die Unternehmenskultur als ein Steuerungsinstrument zur Ausrichtung der Organisation in Richtung der Unternehmensziele genutzt werden.[25] Eine starke Unternehmenskultur übernimmt eine Koordinierungs- und Orientierungsfunktion. Mitarbeiter erhalten eine Anleitung, wie sie in verschiedenen Situationen reagieren sollen.[26] Somit werden Reibungsverluste durch Konflikte minimiert und Mitarbeiter werden ermutigt eigenständige Entscheidungen auf Basis der gemeinsamen Werte zu treffen, wodurch die Effizienz und die Dynamik der organisatorischen Prozesse gesteigert werden.[27]

Ein weiterer positiver Effekt ist die sinnstiftende Funktion einer Unternehmenskultur, welche die Motivation der Mitarbeiter steigert. Durch eine gemeinsame Basis von Werten und Normen, entsteht zusätzlich ein Einheitsgefühl, welches die Identifizierung mit

---

[22] Vgl. *Franken, S.,* Verhaltensorientierte Führung, 2004, S. 200
[23] Vgl. *Buchenau, P./Hempel, A.,* Ethische Unternehmenskultur, 2019, S. 189
[24] Vgl. *Menne, S./Weissenberger-Eibl, M.,* Zukunftsfähigkeit eines Unternehmens, 2019, S. 172
[25] Vgl. *Stöger, R.,* Diagnose und Gestaltung, 2019, S. 339
[26] Vgl. *Bauschke, R./Homma, N.,* Unternehmenskultur und Führung, 2010, S. 2
[27] Vgl. *Buchenau, P./Hempel, A.,* Ethische Unternehmenskultur, 2019, S. 191/204f.

dem Unternehmen erhöht.[28] Da es sich hierbei um einen Motivator und nicht um einen Hygienefaktor handelt, ist diese Form der Motivation deutlich effektiver und steigert die Leistungsfähigkeit der Mitarbeiter. Je höher die Loyalität der Mitarbeiter zum Unternehmen ist, desto größer ist auch die Mitarbeiterbindung. Daher kann eine starke Unternehmenskultur auch als Teil des Employer Brandings gesehen werden. Je stärker die Artefakte der Kultur auch extern erkenntlich sind, desto größere Effekte hat die Unternehmenskultur auch auf potenzielle Bewerber, wodurch die Arbeitgeberattraktivität gesteigert wird.[29]

Durch eine starke Außenwirkung der Unternehmenskultur kann auch das allgemeine Erscheinungsbild des Unternehmens verbessert werden. Es kann verdeutlicht werden, wenn ein Unternehmen gesellschaftliche Verantwortung übernimmt und beispielhaft Wert auf Nachhaltigkeit legt.[30] Somit erhalten alle Stakeholder einen positiven Eindruck des Unternehmens und kann sich charakterlich von anderen Unternehmen abgrenzen.[31]

3.2. Negative Effekte

Die größten negativen Effekte entstehen durch eine zu starke Unternehmenskultur. Durch eine sehr manifestierte und in der Vergangenheit sehr erfolgreiche Unternehmensstrategie entsteht die Gefahr, dass Änderungsbedarfe und Warnsignale nicht mehr erkannt werden.[32] Zudem werden diese auch nicht mehr kritisch hinterfragt, da ein erfolgreiches Handeln in Frage gestellt werden müsste. Oft entsteht auch eine Kultur der Selbstbeweihräucherung und Versuche der Anpassung werden sogar als Bedrohung gesehen.[33]

Daraus folgt, dass die Unternehmensentwicklung gehemmt oder zumindest verlangsamt wird. In sehr dynamischen Zeiten sind vor allem Agilität und eine schnelle Anpassungs-

---

[28] Vgl. *Koeffler, M./Thümmel, R. C.*, Erfolgsfaktor Unternehmenskultur, 2019, S. 114
[29] Vgl. *Busold, M./Dietz, S./Meyer, R.*, Wertebasiertes EB, 2013, S. 62
[30] Vgl. *Franken, S.*, Verhaltensorientierte Führung, 2004, S. 201
[31] Vgl. *Bauschke, R./Homma, N.*, Unternehmenskultur und Führung, 2010, S. 2
[32] Vgl. *Franken, S.*, Verhaltensorientierte Führung, 2004, S. 202
[33] Vgl. *Menne, S./Weissenberger-Eibl, M.*, Zukunftsfähigkeit eines Unternehmens, 2019, S. 177

fähigkeit auf externe Umstände wichtiger denn je.[34] Durch eine starke Unternehmenskultur können somit Innovationen verhindert werden und mögliche Chancen übersehen.
Zeitgleich kann eine Unternehmenskultur widersprüchlich zu möglichen Innovationen
stehen und nicht alle Mittel können zur Verfolgung der Unternehmensziele genutzt
werden.[35]

Ein weiterer negativer Effekt ist ein möglicher Kulturschock. Besonders bei starken
Unternehmenskulturen sind vor allem neue Mitarbeiter teilweise überfordert und können sich nur schwer in die neuen Strukturen einfinden. Folgen daraus sind unter ande-
rem Stress, Verunsicherung und Angst.[36] Teilweise finden sich neue Mitarbeiter jedoch
auch nach einer längeren Zeit nicht ein und können im Rahmen der Unternehmenskultur
nicht ihr volles Potential ausschöpfen. Gesellschaftliche Werte sind in der Vergangenheit deutlich heterogener geworden, sodass nicht alle Personen sich mit den im Unternehmen gelebten Werten und Normen identifizieren können. Vor allem wenn die Unternehmenskultur zu stark ist, kann es sein, dass Diversität unter den Mitarbeitern unterdrückt wird.[37]

[34] Vgl. *Dierkes, M.*, Unternehmenskultur und Unternehmensführung, 1988, S. 554
[35] Vgl. *Franken, S.*, Verhaltensorientierte Führung, 2004, S. 202
[36] Vgl. *Busold, M./Dietz, S./Meyer, R.*, Wertebasiertes EB, 2013, S. 63
[37] Vgl. *Busold, M./Dietz, S./Meyer, R.*, Wertebasiertes EB, 2013, S. 63

4. Faktor Unternehmenskultur bei einer Fusion

Nach einer Fusion kommt es immer wieder zu Produktivitätsverlust, hoher Mitarbeiter-
fluktuation und vielen Konflikten. Dies geschieht häufig, wenn zwei Unternehmenswel-
ten ohne Abstimmung aufeinanderprallen. Obwohl die Relevanz einer Unternehmenskultur bereits seit mehr als 30 Jahren bekannt ist, wird das Thema bei Fusionen immer
noch häufig vernachlässigt. In der Vorbereitung einer Fusion werden häufig nur harte
Faktoren, wie die Bilanz, das Eigenkapital oder Patente bewertet.[38]

In einer Studie von Michael Gibbs aus dem Jahr 2006 wird dieses Phänomen erklärt. Je
mehr Zeit sich die Unternehmen für die Analyse und Anpassung der Unternehmenskulturen nehmen, desto erfolgreiche verläuft eine Fusion. Jedoch wird aus Zeit- und Kos-
tengründen oft auf diesen Schritt verzichtet, da für die Analyse einer Unternehmenskultur viele Mitarbeiterbefragungen und Interviews durchgeführt werden müssen. Die
Entwicklung einer gemeinsamen Unternehmenskultur sollte daher als eine Investition in
die Zukunft gesehen werden. Es werden informelle Machtkämpfe und somit große Reibungsverluste verhindert.[39] Darüber hinaus leiden die Motivation und die Produktivität
der Mitarbeiter stark. Vor allem die Mitarbeiter des aufgekauften und kleineren Unternehmens können sich unterdrückt und dem neuen Unternehmen nicht mehr verbunden
fühlen.[40] Diese Situation ruft schwere Folgen hervor, die eventuell nur durch Missver-
ständnisse einer unterschiedlichen Kommunikationsweise oder einer anderen hierarchi-
schen Organisationsgestaltung entstehen.[41]

Eine Unternehmenskultur kann jedoch nicht einfach geändert werden. Sie entsteht wie
ein Trampelpfad in den Köpfen der Mitarbeiter und es ist erstmal schwer den gewohn-
ten Pfad zu verlassen. Es ist wichtig bei der Umstellung alle Beteiligten einzubeziehen
und dem Prozess ausreichend Zeit zu geben. Es empfiehlt sich die früheren Unternehmenskulturen zu analysieren und Gemeinsamkeiten aufzuzeigen. Diese kleinen Erfolge
sollten durch gezielte Maßnahmen gelenkt und gefördert werden, um so eine Akzeptanz

---

[38] Vgl. *Becht-Hadraschek, B.*, Erfolgsfaktor bei Firemnfusion, 2009, S. 2
[39] Vgl. *Becht-Hadraschek, B.*, Erfolgsfaktor bei Firemnfusion, 2009, S. 1
[40] Vgl. *Storbeck, O.*, Kulturkampf, 2006
[41] Vgl. *Becht-Hadraschek, B.*, Erfolgsfaktor bei Firemnfusion, 2009, S. 1

für die neue Situation zu schaffen.[42] Hierfür können Integrationsworkshops oder gemeinsame Kick Off Events durchgeführt werden.[43] Führungskräfte aus dem Linienmanagement können als Botschafter und Vorbilder dienen, da die „Glaubwürdigkeit nicht vom ‚Verkünden', sondern vor allem und in erster Linie vom ‚Vorleben' in den täglichen Entscheidungen" entsteht.[44]

Inkompatible Unternehmenskulturen können ein großer Risikofaktor für Fusionen sein. Vor allem bei Unternehmen aus unterschiedlichen Ländern oder bei Unternehmen mit entgegengesetzten Geschäftsstrategien können inkompatible Unternehmenskulturen ein Ausschlusskriterium für eine Fusion sein.[45] Dies bestätigt sich auch in den Gründen, die genannt werden, wenn eine Fusion als gescheitert erklärt wird. Hierbei wird in den meisten Fällen unüberwindbare kulturelle Differenzen aufgezählt.[46]

---

[42] Vgl. *Becht-Hadraschek, B.*, Erfolgsfaktor bei Firemnfusion, 2009, S. 3
[43] Vgl. *Becht-Hadraschek, B.*, Erfolgsfaktor bei Firemnfusion, 2009, S. 5
[44] Vgl. *Dierkes, M.*, Unternehmenskultur und Unternehmensführung, 1988, S. 562
[45] Vgl. *Jöns, I./Neurohr, D.*, Veränderung nach der Fusion, 2004, S. 44
[46] Vgl. *Becht-Hadraschek, B.*, Erfolgsfaktor bei Firemnfusion, 2009, S. 2

5. Schlussbetrachtung

Die Kultur eines Unternehmens kann mit einer Ehe verglichen werden. „Damit die Liebe erhalten bleibt, muss aktiv daran gearbeitet werden." Jedoch handelt es sich in Unternehmen nicht um eine Liebesbeziehung, wodurch die ständige Kommunikation und Überprüfung der Rahmenbedingungen noch wichtiger ist.[47]

Die Unternehmenskultur bietet vor allem den Mitarbeitern eine mentale Landkarte, die ihnen hilft, sich im täglichen Arbeitsalltag sicher und zielführend zu bewegen und somit effektiv zum Unternehmenserfolg beizutragen.[48] Jedoch kann eine Unternehmenskultur viele weitere Dimensionen, als nur die Mitarbeiterorientierung besitzen. Somit spricht sie darüber hinaus viele weitere Stakeholder, wie Kunden oder Lieferanten an und wird gleichzeitig von äußeren Einflüssen wie Marktveränderungen, Politik, technologischen Entwicklungen und sozialen und gesellschaftlichen Anforderungen beeinflusst werden.[49] Da die Sinnhaftigkeit und die Werte eines Unternehmens nicht nur für Kunden, sondern auch für Mitarbeiter, immer wichtiger werden, wird sich der Aspekt der Unternehmenskultur als Faktor auf den Unternehmenserfolg weiter etablieren und fester Bestandteil der Unternehmensentwicklung sein. Vor allem in Krisen, zeigt sich wie gefestigt eine Unternehmenskultur ist und bietet möglicherweise auch den notwendigen Halt, um schwerere Zeiten zu überstehen.[50]

---

[47] Vgl. *Brüssel, M./Stella, S.*, Personalmanagment, 2019, S. 62
[48] Vgl. *Schönborn, G.*, Erfolgsfaktor der Coporate Identity, 2014, S. 58
[49] Vgl. *Dierkes, M.,* Unternehmenskultur und Unternehmensführung, 1988, S. 559
[50] Vgl. *Busold, M./Dietz, S./Meyer, R.,* Wertebasiertes EB, 2013, S. 62

11

Literaturverzeichnis

raph* (Wertebasiertes EB, 2013)
War for Talents – Erfolgsfaktoren im Kampf um die Besten, Springer Gabler

Franken, Swetlana (Verhaltensorientierte Führung, 2004)
Verhaltensorientierte Führung – Handeln, Lernen und Diversity in Unternehmen, Springer Gabler

Von Keller, Eugen (Fremde Kulturen, 1982)
Management in fremden Kulturen: Ziele, Ergebnisse und methodische Probleme der kulturvergleichenden Managementforschung, Hochschule St. Gallen

Menne, Simone/Weissenberger-Eibl, Marion (Zukunftsfähigkeit eines Unternehmens, 2019) Zukunftsvision Deutschland Innovation für Fortschritt und Wohlstand, Springer Gabler

Sackmann, Sonja (kulturbewusstes Management, 2004)
Unternehmenskultur: Erkennen – Entwickeln – Verändern; Erfolgreich durch kulturbewusstes Management, Springer Gabler

Schönborn, Gregor (Erfolgsfaktor der Coporate Identity, 2014)
Unternehmenskultur als Erfolgsfaktor der Corporate Identity - Die Bedeutung der Unternehmenskultur für den ökonomischen Erfolg von Unternehmen, Springer VS

Quellenverzeichnis

Becht-Hadraschek, Barbara (Erfolgsfaktor bei Firemnfusion, 2009)
Unternehmenskultur – unterschätzter Erfolgsfaktor bei Firmenfusion – Harvard-Methode, Verhandlungsführung, Verhandlungssituationen im Projekt, Projekt Magazin 08/2009
https://www.wiso-net.de/document/PROJ__93286c6d85bc0a0d54c2b65987734b9b92e917e5
(Abrufdatum: 17.05.2020)

Dierkes, Meinolf (Unternehmenskultur und Unternehmensführung, 1988)
Unternehmenskultur und Unternehmensführung: konzeptionelle Ansätze und gesicherte Erkenntnisse, Zeitschrift für Betriebswirtschaft (Leibniz-Informationszentrum Wirtschaft) 05-06/1988
https://www.econstor.eu/bitstream/10419/122660/1/209870.pdf
(Abrufdatum: 17.05.2020)

Jöns, Ingela/Neurohr, Dagmar (Veränderung nach der Fusion, 2004)
Kulturelle und individuelle Veränderungen nach der Fusion zweier mittelständischer Energieversorger: Eine Längsschnittstudie, Mannheimer Beiträge zur Wirtschafts- und Organisationspsychologie, 02/2004
http://www-1v75.rz.uni-mann-heim.de/projekte/kulturwandel/englisch/5_publications_and_presentations/2004-02_07_neurohr_joens.pdf
(Abrufdatum: 17.05.2020)

Kleinau, Peter (Unternehmenskultur im digitalen Wandel, 2019)
Unternehmenskultur im digitalen Wandel, CONTROLLER Magazin, 10/2019
https://www.wiso-net.de/document/COWI__0d00d197349829cb1b638e9775c043f75cae48bf
(Abrufdatum: 17.05.2020)

Koeffler, Matthias/Thümmel, Roderich C. (Erfolgsfaktor Unternehmenskultur, 2019)
Erfolgsfaktor Unternehmenskultur, DER AUFSICHTSRAT, 07-08/2019
https://www.wiso-net.de/document/DAR__c0953deff727226aa471647955a33cf5cb189d49
(Abrufdatum: 17.05.2020)

Sammhammer AG (culture, 2016)
Culture eats strategy for breakfast
https://www.samhammer.de/de/news/2019/05/culture_eats_strategy_for_breakfast.php
(Abrufdatum 17.05.2020)

Storbeck, Olaf (Kulturkampf, 2006)
> Nach der Fusion kommt der Kulturkampf, Handelsblatt, 11/2006
> https://www.handelsblatt.com/politik/konjunktur/oekonomie/wissenswert/neue-studie-erklaert-warum-nach-einem-merger-viele-beschaeftigte-kuendigen-nach-der-fusion-kommt-der-kulturkampf/2735400.html
> (Abrufdatum: 17.05.2020)

Stöger, Roman (Diagnose und Gestaltung, 2019)
> Unternehmenskultur Diagnose und Gestaltung in Zeiten von Veränderung, ZFO - Zeitschrift Führung und Organisation, 05/2019
> https://www.wiso-net.de/document/ZFO__e9a9cb2ee0fbf47da345aadad523461864c9fdb8
> (Abrufdatum: 17.05.2020)

BEI GRIN MACHT SICH IHR WISSEN BEZAHLT

- Wir veröffentlichen Ihre Hausarbeit, Bachelor- und Masterarbeit

- Ihr eigenes eBook und Buch - weltweit in allen wichtigen Shops

- Verdienen Sie an jedem Verkauf

Jetzt bei www.GRIN.com hochladen und kostenlos publizieren